少林武术精粹系列丛书

少林棍术（二）

德虔　德炎　编著

北京体育大学出版社

责任编辑：孙运娟
责任校对：曹晓燕
版式设计：李　鹤

图书在版编目（CIP）数据

少林棍术. 二 / 德虔, 德炎编著. -- 北京 : 北京体育大学出版社, 2022.1
（少林武术精粹系列丛书）
ISBN 978-7-5644-3586-8

Ⅰ. ①少… Ⅱ. ①德… ②德… Ⅲ. ①少林武术－棍术(武术)－套路(武术) Ⅳ. ①G852.25

中国版本图书馆CIP数据核字(2022)第007637号

少林棍术（二）
SHAOLIN GUNSHU(ER)
德虔　德炎　编著

出版发行：北京体育大学出版社
地　　址：北京海淀区农大南路1号院2号楼2层办公B-212
邮　　编：100084
网　　址：http://cbs.bsu.edu.cn
发 行 部：010-62989320
邮 购 部：北京体育大学出版社读者服务部 010-62989432
印　　刷：北京昌联印刷有限公司
开　　本：880mm × 1230mm　　1/32
成品尺寸：148mm × 210mm
印　　张：1.5
字　　数：30千字
版　　次：2022年1月第1版
印　　次：2022年1月第1次印刷
定　　价：10.00元

前　言

武术作为中国的国粹，是中华民族传统文化的组成部分。家喻户晓的少林武术便是其中极具代表性的门类，是中国武术的重要象征。

我社与少林武术结缘已久，伴随着时光的流逝，有多种内容、多样组合、各种形式的载有少林武术的出版物，源源不断地从我社注入市场，为方兴未艾的少林武术热潮平添了更高的热度。可以说，少林武术图书一直与我社相伴相随，成为我社具有长期出版价值的图书门类。其中，少林武术图书的编纂者——已故的王长青（法号释德虔）先生功不可没。他经年累月锲而不舍，寻于寺院、觅于乡间，挖掘出大量尘封的少林武术资料，继而分门别类梳理、整饬成一册册书稿，并与我社携手努力，打造出独树一帜的武术图书板块，为我社的武术图书出版打开了新局面。

今天，在着力弘扬中华优秀传统文化，树立和增强文化自信的大背景下，我社将以往出版的少林武术书籍重新进行了编排，以全新的面貌推出“少林武术精粹系列丛书”，这是我社多年来少林武术出版情结的延续，是对积累和沉淀的少林武术资源的再一次整合与展示，更紧密契合了时代的要求。

通过这套书，读者可以研习刚柔相济、闪转腾挪的少林功夫，可以感悟其中凝结的中华智慧，可以领略武术文化的博大精深……这便是我社对这套书出版价值的期待。

目 录

少林猿猴棍

动作名称

预备势
1. 梅鹿扬尘
2. 夜叉劈妖
3. 三星穿云
4. 文王拉纤
5. 吕布托戟
6. 踮步打棍
7. 猿猴棚架
8. 跳步背棍
9. 孙圣降妖
10. 牛郎担柴
11. 千斤坠地
12. 风扫落叶
13. 三绞缠丝
14. 白猴棚架
15. 捅破辕门
16. 乌龙施风
17. 千斤坠地
18. 连打三棒
19. 腋下藏花
20. 巧女纫针
21. 吕布托戟
22. 上步劈棍
23. 鲁班棚架
24. 孙圣劈山
25. 上步隔墙
26. 转身劈打
27. 白猴亮棍
收　势

动作图解

预备势

两脚成八字站立，身体挺直，右手握棍，棍竖于身体右侧，左臂下垂，左手五指并拢，附于大腿外侧，掌心向内，目视前方。（图1）

1. 梅鹿扬尘

右脚不动，抬左脚移于右脚前，成左虚步，左手接把、滑把，向右侧撩拨，目视棍梢。（图2）

图 1

图 2

2. 夜叉劈妖

抬左脚向左开步，两脚蹍地，身体左转 90 度，同时两手持棍由下随身左转绕头抡起（图3）；然后左腿屈膝成弓步，棍由上向前下方猛劈狠打，目视棍梢（图4）。

图 3

图 4

3. 三星穿云

右脚向前上一步，两腿成右弓步，棍随身向上向后再绕下向前颤抖直穿，目视棍梢（图 5）；然后左脚向前上一步，两腿成左弓步，同时棍由前向下向后绕头再向前颤抖穿刺，目视棍梢（图 6）；然后右脚向前上一步，两脚成右弓步，两手持棍由前向下向后绕头再向前颤抖直穿，目视棍梢（图 7）。

图 5

图 6

图 7

4. 文王拉纤

两脚蹍地，身体左转 180 度，两手握棍由前抡半花，再随身向右后方捣棍，然后托棍，先上右脚，后上左脚，连上两步，目视前方。（图 8）

5. 吕布托戟

两脚蹍地，身体右转 180 度，两腿成左弓步，棍随身向右后下方捣，目视前方。（图 9）

图 8

图 9

6. 踮步打棍

右脚向前踮跳一步，抬左脚落于右脚前，两腿成左弓步，棍由后向左前方劈打，目视棍梢。（图10）

7. 猿猴棚架

右脚向前踮跳一步，抬左脚落于右脚前，两腿成左弓步，棍由前向上抡半圈，然后两手倒把向前横推，上体略向前探，目视前方。（图11）

图10

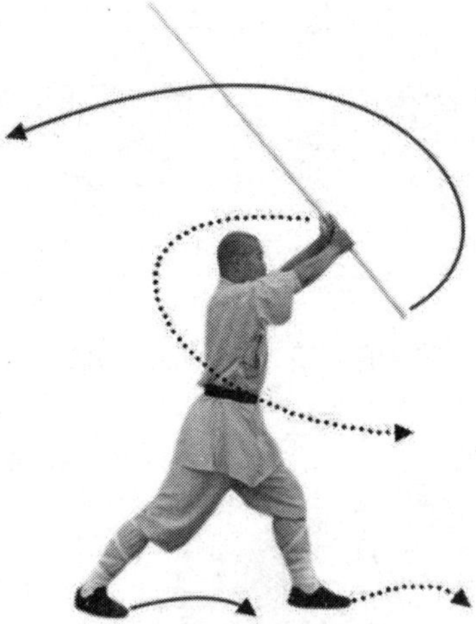

图11

8. 跳步背棍

两脚向前跳一步，左脚落于右脚前，两腿成左弓步，左手脱棍，右手握棍由上向后背于背后，左手成立掌向前推出，目视左掌。（图12）

图 12

9. 孙圣降妖

以右脚为轴，抬左脚向右转体 180 度，转身后两腿向前跳一步，右腿提膝，同时左手接棍，随身举过头顶（图 13）；右脚落于左脚前，左脚向前上一步，身体右转 90 度，两腿成左仆步，两手向下滑把，由上向左下方猛打，目视左下方（图 14）。

图 13

图 14

10. 牛郎担柴

起身，以左脚为轴，身体左转 180 度，右脚随身向前上一步，落于左脚前，两腿成右弓步，同时两手倒把由下向左绕头向后抡棍，左手脱把，右手握棍担于右肩，左手向左后方推掌，上体向前倾探，晃腰，目视左后方。（图 15）

图 15

11. 千斤坠地

两脚不动，左手接把，然后两手托棍绕头移至身体左侧，两手倒把舞花，然后托棍向前穿（图 16）；随即以右脚为轴，身体右转 90 度，左脚随身右转向左侧仆地成左仆步，同时两手握棍由上向左下方猛打，目视左下方（图 17）。

图 16

图 17

12. 风扫落叶

起身，左脚向前跳一步，落于右脚前成左弓步，同时两手倒把，握棍由下向上向后抡（图 18）；然后左脚向前踮跳一步，两脚踝地，身体右转 90 度，下蹲并左腿仆地，两腿成左仆步，两手倒把，握棍由后向前扫打，目视左侧（图 19）。

图 18

图 19

13. 三绞缠丝

两脚踝地，身体右转 90 度，右脚向前上一步，两腿成右弓步，两手滑把，握棍由下随身向前连上三步，边上步边绞棍，目视前方。（图 20）

14. 白猴棚架

右脚向前踮跳一步，落于左脚前，两脚踝地，身体左转 180 度，左腿屈膝成左弓步，两手倒把，握棍向前上方架棍横推，目视前方。（图 21）

图 20

图 21

15. 捅破辕门

右脚向前上半步，两腿仍成左弓步，两手滑把向前直捅穿戳，目视棍梢。（图 22）

16. 乌龙施风

左脚踝地，身体左转 360 度，两手握棍由前向下向后返上，绕头随身横扫一周，转身后绞棍向下猛压，两腿微蹲，目视前方。（图 23）

图 22

图 23

17. 千斤坠地

两腿立直，左脚踉地，向右转体 360 度，两手倒把，棍随身转，每转 90 度舞一个花，转到原来方向时，舞最后一个花，然后抬左脚向左移一步，两腿成左仆步，滑把向左下方劈棍，目视左下方。（图 24）

18. 连打三棒

两脚踉地，身体右转 180 度，两腿成右弓步，两手滑把，棍由左下方向上向右绕身后再绕头向前劈打，目视棍梢（图 25）；随即两脚踉地，身体左转 180 度，两腿成左弓步，两手握棍随身向前劈打，目视棍梢（图 26）；而后右脚向前上一步，两腿成右弓步，两手握棍由前向上绕头向后返前劈打，目视棍梢（图 27）。

图 24

图 25

图 26

图 27

19. 腋下藏花

两脚向前踮跳一步，右脚落于左脚前，两腿成右弓步不变，同时两手倒把，棍由前向下向后返前舞半花，压于右腋下，目视棍梢。（图 28）

20. 巧女纫针

两脚向前踮跳一步，右脚落于左脚前，两腿成右弓步，同时两手倒把，棍由前下方向后再向前直穿，目视棍梢。（图 29）

图 28

图 29

21. 吕布托戟

两脚踝地，身体左转 180 度，两手移把由前向下再向后随身捣棍，然后左脚向前连续踮跳两步，目视前方。（图 30）

22. 上步劈棍

两脚踝地，身体右转 180 度，左脚向前上半步，落于右脚前，成左虚步，两腿倒步，棍由下向左再向上随身左转向后捣棍，目视前方（图 31）；随即两脚踝地，身体右转 180 度，两腿成右弓步，同时两手反把，向前劈打，目视棍梢（图 32）。

23. 鲁班棚架

两脚向前踮跳一步，左脚落于右脚前，两脚踝地，身体右转 90 度，右腿屈膝，左腿伸直，成右弓步，同时棍由前向下向后绕头抡打，然后移把架棍前推，目视左侧。（图 33）

图 30

图 31

图 32

图 33

24. 孙圣劈山

两脚向左横跳一步，左脚落于右脚左侧一步，两腿仍成右弓步，

在跳步时左手松把，右手握棍由右向左绕头抡一周，两脚落地后，左手接把，向左下方猛劈狠打，目视左侧。（图 34）

25. 上步隔墙

两脚踉地，身体左转 90 度，右脚向前上一步，两腿成右弓步，两手倒把由前下方向上绕头向后再返前纵推，目视前方。（图 35）

图 34

图 35

26. 转身劈打

两脚踉地，身体左转 180 度，右脚向前上一步，两腿成右弓步，同时两手倒把，握棍由前向下再向后随身绕头向身体右前方劈打，目视棍梢。（图 36）

27. 白猴亮棍

舞花，再抬左脚向前上一步，同时成背后倒舞花，然后提左膝，左手脱把，右手握棍斜竖于胸前左侧，左肘夹棍，左手变掌，

掌心向右，掌指向上，目视前方。（图37）

图 36

图 37

收 势

左脚落于右脚左侧，成并步，右手挽棍，由上向下再返上，右手移把，握棍竖于身体右侧，左臂下垂，左手五指并拢，附于左大腿外侧，掌心向内，挺胸抬头，目视前方。

少林穿梭棍

动作名称

预备势

1. 弓步戳棍
2. 上步格棍
3. 左仆步劈棍
4. 踮步压棍
5. 转身戳棍
6. 上步挑棍
7. 右仆步劈棍
8. 弓步格棍
9. 上步磨棍
10. 转身戳棍
11. 仆步劈棍
12. 独立戳棍
13. 上步摆棍
14. 仆步横戳棍
15. 翻身戳棍
16. 上步托棍
17. 独立上摆棍
18. 马步架棍
19. 马步压棍
20. 弓步竖棍
21. 上步劈棍
22. 扫棍穿刺
23. 跳步格棍
24. 上步摆棍
25. 背棍撩掌
26. 丁步背棍
27. 弓步戳棍
28. 跳步架棍
29. 上步戳棍
30. 弓步挑棍

收　势

动作图解

预备势

两脚并步站立，身体挺直，右手握棍，左手屈肘握拳，抱于腰侧，拳心向上，目视前方。（图 1）

1. 弓步戳棍

左脚向左跨一步，两脚踬地，身体左转 90 度，两腿成左弓步，同时左手接把，右手向下滑把，两手握棍随身向前颤抖上戳，目视棍梢。（图 2）

图 1

图 2

2. 上步格棍

右脚向前上一步，两腿成右弓步，同时逆抡棍，然后举棍斜格，棍梢斜向下，目视棍梢。（图 3）

3. 左仆步劈棍

两脚向前跳一步，左脚落于右脚前，两脚踬地，身体右转 90 度，

右腿全蹲，左腿伸直，成左仆步，同时两手握棍由前向后绕头抡棍，然后随身向左劈棍，目视棍梢。（图 4）

图 3

图 4

4. 踮步压棍

右脚向左踮跳一步，两腿成左弓步，同时两手握棍由左向右绞棍，然后下压，目视棍梢。（图 5）

5. 转身戳棍

两脚蹍地，身体右转 90 度，两腿成右弓步，同时两手倒把，握棍前戳，目视棍梢。（图 6）

图 5

图 6

6. 上步挑棍

左脚向前上一步，两腿成左弓步，同时两手由左向右绞棍，然后由下向上挑棍，棍梢斜向上，目视棍梢。（图 7）

7. 右仆步劈棍

两脚向前跳一步，右脚落于左脚前，两脚蹍地，身体左转 90 度，左腿全蹲，右腿伸直，成右仆步，同时两手握棍由前向后绕头抡棍，然后向右由上向下劈棍，目视棍梢。（图 8）

图 7

图 8

8. 弓步格棍

起身，两腿成右弓步，同时两手握棍舞花，然后再向前推格，棍梢斜向上，目视前方。（图 9）

9. 上步磨棍

左脚向前上一步，两腿成左弓步，同时两手移把，向前劈棍，然后右手握棍与左手托棍由右向左后方横磨，棍梢向后，上体左转，目视棍梢。（图 10）

图 9

图 10

10. 转身戳棍

左脚后退一步，两脚踝地，身体左转 180 度，两腿成左弓步，同时两手握棍由后向前抡打，然后随手向前戳棍，棍梢向前，目视棍梢。（图 11）

11. 仆步劈棍

右脚向前上一步，两脚踝地，身体左转 90 度，左腿全蹲，右腿伸直，成右仆步，同时两手倒把，向左绕头抡棍，然后向右下方劈棍，棍梢向右，目视棍梢。（图 12）

图 11

图 12

12. 独立戳棍

两脚踢地，身体右转 90 度，左腿向前提膝，同时两手握棍随身向右撩打，然后两手滑把托棍向前戳，棍梢向左上方，目视棍梢。（图 13）

13. 上步摆棍

左脚向前上一步，同时两手倒把，提棍由右向左前上方摆打，棍梢向上，目视前方。（图 14）

图 13

图 14

14. 仆步横戳棍

两脚向前跳一步，右脚落于左脚前，两脚踢地，身体左转 90 度，左腿全蹲，右腿伸直，成右仆步，同时两手握棍由前上方向后抡打，然后随身向右下方劈棍，目视棍梢。（图 15）

15. 翻身戳棍

两脚跳步并向右翻身 180 度，转身落地后，两腿成右仆步，

同时两手移把，左手握棍与右手托棍向右侧斜上戳棍，目视棍梢。（图 16）

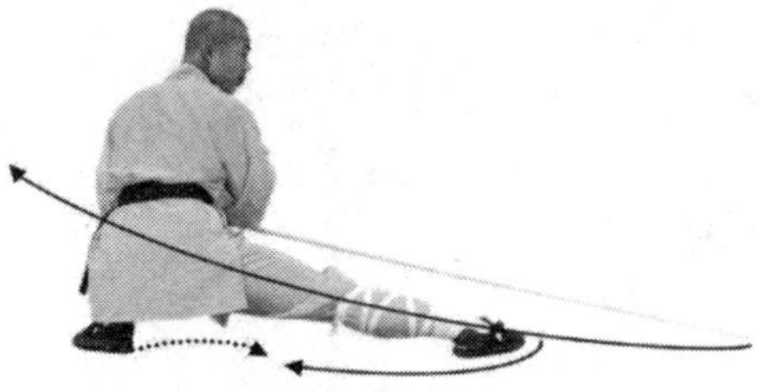

图 15

图 16

16. 上步托棍

两脚踝地，身体右转 90 度，左脚向前上一步，两腿成左弓步，同时右手向下滑把，两手握棍向后绕头抡棍，然后右手向上滑把，右手托棍，棍梢向前，目视棍梢。（图 17）

17. 独立上摆棍

右腿向前提膝，同时右手脱把，左手握棍由前向后再向前抡打，然后右手接把，两手握棍由下向右上方摆打，棍梢向上，目视前方。（图 18）

图 17

图 18

18. 马步架棍

右脚向右落一步，两脚踉地，身体右转180度，抬左脚向左移一步，两腿半蹲成马步，同时两手握棍由前向后再向前绕头抡打，然后两手滑把架棍，棍梢向右，目视左侧。（图19）

19. 马步压棍

两脚跳步并向左翻身 180 度，转身落地后，两腿仍成马步，同时两手握棍舞花，然后两手握棍由上向下压，棍梢向右，目视棍梢。（图 20）

图 19

图 20

20. 弓步竖棍

两脚蹍地，身体左转 90 度，右脚向前上一步，两腿成右弓步，同时两手握棍顺绞，然后举右臂竖棍，棍梢向上，目视前方。（图 21）

21. 上步劈棍

左脚向前上一步，两腿成左弓步，同时两手握棍由上向下向后抡打，然后两手倒把，向前劈棍，上体向前微探，目视棍梢。（图 22）

图 21

图 22

22. 扫棍穿刺

右脚向前上一步，两腿成右弓步，同时左手滑把，两手握棍，由前向右再向后扫棍，然后两手再移把，托棍穿刺，棍梢向前，目视棍梢。（图 23）

23. 跳步格棍

两脚向前踮跳一步，右脚落于左脚前，同时右手向后滑把，两手握棍由前绕头向后返前抡打，然后两手握棍举臂向前横斜格棍，棍梢斜向上，目视前方。（图 24）

图 23

图 24

24. 上步摆棍

左脚向前上一步，两腿成左弓步，同时两手移把舞花，然后两手倒把，举棍由右向左前上方斜摆闪打，棍梢斜向上，目视棍梢。（图 25）

25. 背棍撩掌

两脚向前跳一步，同时左手脱把，右手握棍由前向后抡棍，然后向右展臂背棍，左掌向左撩出，目视左掌。（图 26）

图 25

图 26

26. 丁步背棍

两脚蹍地，身体右转 90 度，左脚向前上半步，落于右脚左侧，脚尖点地，脚跟提起，成左丁字步，两腿半蹲，同时右手握棍随身向右舞花，然后向后隐臂背棍，左臂向内屈肘，于胸前亮掌，掌心向右，目视左掌。（图 27）

27. 弓步戳棍

右脚向前上一步，两腿成右弓步，同时右手握棍旋腕反臂倒抡向前，左手接把，向前戳棍，目视棍梢。（图 28）

图 27

图 28

28. 跳步架棍

两脚向前踮跳一步，右脚落于左脚前，两腿成右弓步，同时两手握棍向下向后抡打，然后移把举臂架棍，目视前方。（图 29）

29. 上步戳棍

左脚向前上一步，两腿成左弓步，同时两手握棍由上向下再向后划撩，然后倒把握棍向前颤抖下戳棍，目视棍梢。（图 30）

图 29

图 30

30. 弓步挑棍

右脚向前上一步，两腿成右弓步，同时两手握棍由前向后撩打，然后倒把托棍上挑，棍梢斜向上，目视棍梢。（图 31）

图 31

收　势

收右脚与左脚成小八字并步，同时两手握棍由上向下劈，然后左手脱把变拳，抱于腰间，拳心向上，右手握棍竖于身体右侧，棍梢向上，身体挺直，目视前方。（图 32）

图 32

少林流星棍

动作名称

预备势

1. 弓步刺棍

2. 跳步劈棍

3. 上步架棍

4. 弓步刺棍

5. 跳步劈棍

6. 弓步摆棍

7. 拦腰棍

8. 跳步挑棍

9. 上步劈棍

10. 箭步劈棍

11. 马步架棍

12. 舞花托棍

13. 上步格棍

14. 仆步劈棍

15. 舞花格棍

16. 跳步劈棍

17. 上步刺棍

18. 弓步背棍

19. 转身刺棍

20. 跳步格棍

21. 马步压棍

22. 独立竖棍

23. 托棍回望

24. 马步推棍

25. 弓步劈棍

26. 跳步压棍

27. 弓步挑棍

收　势

动作图解

预备势

两脚成八字并立，身体挺直，右手握棍，竖立于身体右侧，棍梢向上，左臂屈肘，左手握拳，抱于腰间，拳心向上，目视前方。（图1）

1. 弓步刺棍

左脚向左跨一步，两脚蹍地，身体左转 90 度，两腿成左弓步，同时左手接棍，两手倒把向前刺棍，目视棍梢。（图 2）

图 1

图 2

2. 跳步劈棍

两脚向前跳一步，左脚在前，左腿蹬直，右腿下蹲，成左仆步，同时左手向后滑把并向左外上方拨棍，然后由上向下劈棍，再反把绞棍，目视棍梢。（图 3）

3. 上步架棍

右脚向前上一步，两腿成右弓步，同时向右抡棍，然后两手滑

把向前举臂架棍，棍梢斜向前，目视前方。（图 4）

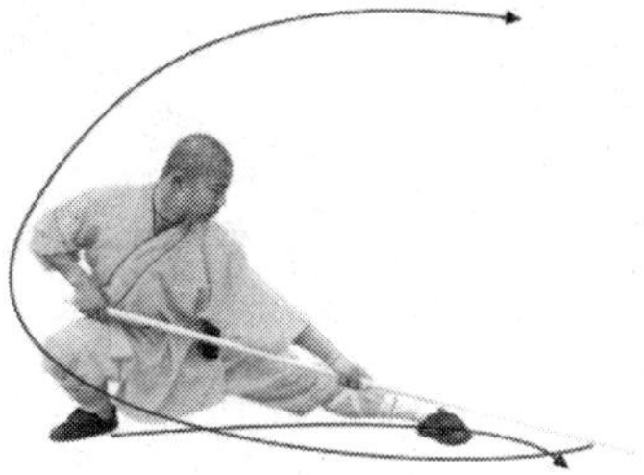
图 3

图 4

4. 弓步刺棍

两脚不动，降右臂滑把，并向前上方刺棍，棍梢向前，目视棍梢。（图 5）

5. 跳步劈棍

两脚向前跳一步，右脚落于左脚前，然后两脚踩地，身体左转 90 度，两腿成弓步，同时两手倒把，再向右绕头抡打，然后向右前方劈棍，目视棍梢。（图 6）

图 5

图 6

6. 弓步摆棍

两脚不动，重心左移，两腿成左弓步，同时两手握棍向左撩打，然后向左上方摆棍，上体向左侧倾斜，棍梢斜向上，目视右侧。（图 7）

7. 拦腰棍

两脚蹍地，身体左转 90 度，右脚向前上一步，两腿成右弓步，同时两手换把，再握棍由右向左拦打，然后反把向前刺棍，目视棍梢。（图 8）

图 7

图 8

8. 跳步挑棍

两脚向前踮跳一步，右脚落于左脚前，两腿成右弓步，同时向左绞棍，然后由下向上挑棍，目视棍梢。（图 9）

9. 上步劈棍

左脚向前上一步，两腿成左弓步，同时两手倒把，向前劈棍，目视棍梢。（图 10）

图 9

图 10

10. 箭步劈棍

两脚不动，两手换把前刺，目视棍梢（图 11）；然后向前箭跳一步，两腿半蹲成马步，同时向左舞花，棍随身向左劈，目视棍梢（图 12）。

图 11

图 12

11. 马步架棍

两脚跳步并向左翻身 180 度，转身后两腿成马步，同时向右抡棍，然后两手滑把向前绕头斜架棍，目视左侧。（图 13）

12. 舞花托棍

左脚向前上一步，向左抡棍，再抬右脚向前上一步，向右抡棍，然后身体稍向右转，两手向外滑把，抖臂、晃臂托棍，目视棍梢。（图 14）

图 13

图 14

13. 上步格棍

两脚踉地，身体左转 90 度，两腿成左弓步，同时两手向内滑把，竖棍前推，棍梢斜向上，目视前方。（图 15）

14. 仆步劈棍

两脚向前跳一步，左脚落于右脚前，两腿成左弓步，同时向左舞花，然后向前劈棍，目视棍梢。（图 16）

图 15

图 16

15. 舞花格棍

两脚不动，两手倒把，向左右舞花，目视棍梢（图 17）；然后两脚蹍地，身体右转 180 度，抬左脚向前上一步，两腿成左弓步，同时棍随身转，倒把前格，棍梢斜向后，目视前方（图 18）。

图 17

图 18

16. 跳步劈棍

两脚向前跳一步，左脚落于右脚前，左腿仆地伸直，右腿全蹲，成左仆步，同时两手握棍向左下方猛劈，目视棍梢。（图 19）

17. 上步刺棍

起身，右脚向前上一步，两腿成右弓步，同时两手移把，随身向右舞花，然后向前刺棍，目视棍梢。（图 20）

图 19

图 20

18. 弓步背棍

两脚不动，右手向下滑把，再向上绕头抡旋，目视前方（图 21）；随后两脚向前踮跳一步，右脚落于左脚前，两腿仍成右弓步，同时左手脱把，右手握棍向左抡打，然后上体左转，束身低头，棍绕背后，左手变掌向左撩出，目视左后方（图 22）。

图 21

图 22

19. 转身刺棍

两脚踉地，身体左转 180 度，两腿成左弓步，同时右手握棍，由后向前随身抡打，然后左手接把，向前平刺，目视棍梢。（图 23）

20. 跳步格棍

两脚向前踮跳一步，左脚落于右脚前，两腿仍成左弓步，身体左转 90 度，同时两手握棍，倒舞花，向前直刺，目视棍梢。（图 24）

图 23

图 24

21. 马步压棍

两脚蹍地，身体右转 90 度，两腿屈膝成马步，同时左右舞花，然后再由右向左压棍，目视棍梢。（图 25）

22. 独立竖棍

起身，右脚向左横一步，然后左腿提膝，同时两手移把，舞顺花，再向右提棍直竖，棍梢向上，目视前方。（图 26）

图 25

图 26

23. 托棍回望

左脚向左落一步，屈右膝，两腿成右弓步，同时两手握棍前劈，然后两手倒把，斜托棍，棍梢向后上方，目视左侧。（图 27）

24. 马步推棍

左脚向前上一步，两脚蹍地，身体右转90度，两腿屈膝成马步，同时两手倒把，随上步转身舞花，然后握棍前推，目视右下

方。（图28）

图 27

图 28

25. 弓步劈棍

两脚蹍地，身体左转 90 度，抬右脚向前上一步，两腿成右弓步，同时棍随身舞半花，然后向前下方劈棍，目视棍梢。（图 29）

26. 跳步压棍

左脚向前跳一步，右腿屈膝后抬，同时两手滑把，握棍由前向左后方下压，棍梢向后，目视棍梢。（图 30）

图 29

图 30

27. 弓步挑棍

右脚向右前方落一步，两腿成右弓步，同时两手倒把，握棍由下向前上方挑，目视棍梢。（图 31）

收　势

两脚踝地，身体左转 90 度，收右脚与左脚并步，同时两手移把，舞花，然后左手脱把，右手握棍，竖于身体右侧，棍根着地，棍梢向上，左手握拳，抱于腰侧，拳心向上，身体挺直，目视前方。（图 32）

图 31

图 32